POPULORUM PROGRESSIO

CARTA ENCÍCLICA
DE SUA SANTIDADE O PAPA PAULO VI
SOBRE O DESENVOLVIMENTO DOS POVOS

14ª edição – 2009
3ª reimpressão – 2019

Nenhuma parte desta obra poderá ser reproduzida ou transmitida por qualquer forma e/ou quaisquer meios (eletrônico ou mecânico, incluindo fotocópia e gravação) ou arquivada em qualquer sistema ou banco de dados sem permissão escrita da Editora. Direitos reservados.

Paulinas
Rua Dona Inácia Uchoa, 62
04110-020 – São Paulo – SP (Brasil)
Tel.: (11) 2125-3500
http://www.paulinas.com.br – editora@paulinas.com.br
Telemarketing e SAC: 0800-7010081

© Pia Sociedade Filhas de São Paulo – São Paulo, 1990

Aos bispos, sacerdotes, religiosos, fiéis
e a todos os homens de boa vontade.

INTRODUÇÃO

**A questão social
abrange agora o mundo inteiro**

Desenvolvimento dos povos

1. O desenvolvimento dos povos, especialmente daqueles que se esforçam por afastar a fome, a miséria, as doenças endêmicas, a ignorância; que procuram uma participação mais ampla nos frutos da civilização, uma valorização mais ativa das suas qualidades humanas; que se orientam com decisão para o seu pleno desenvolvimento, é seguido com atenção pela Igreja. Depois do Concílio Ecumênico Vaticano II uma renovada conscientização das exigências da mensagem evangélica traz à Igreja a obrigação de se pôr ao serviço dos homens para os ajudar a aprofundarem todas as dimensões de tão grave problema e para os convencer da urgência de uma ação solidária neste virar decisivo da história da humanidade.

Doutrina social dos papas

2. Nas grandes encíclicas *Rerum Novarum*[1] de Leão XIII, *Quadragésimo Anno*[2] de Pio XI, *Mater et Magistra*[3] e *Pacem in Terris*[4] de João XXIII — não falando das mensagens de Pio XII[5] ao mundo — os nossos predecessores não deixaram de cumprir o dever que lhes incumbia de projetar nas questões sociais do seu tempo a luz do Evangelho.

Fenômeno importante

3. Hoje, o fenômeno importante de que deve cada um tomar consciência é o fato da universalidade da questão social. João XXIII afirmou-o claramente[6] e o Concílio fez-lhe eco com a constituição pastoral sobre a *Igreja no mundo contemporâneo*[7]. Este ensinamento é grave e a sua aplicação urgente. Os povos da fome dirigem-se hoje, de modo dramático, aos povos da opulên-

[1] Cf. *Acta Leonis* XIII, t. XI (1892), pp. 97-148.
[2] Cf. AAS 23 (1931), pp. 177-228.
[3] Cf. AAS 53 (1961), pp. 401-464.
[4] Cf. AAS 55 (1963), pp. 257-304.
[5] Cf. principalmente Radiomensagem de 1 de junho de 1941 no 50º aniversário da *Rerum Novarum*, AAS 33 (1941), pp. 195-205; Radiomensagem do Natal 1942, AAS 35 (1943), pp. 9-24; Alocução a um grupo de operários no aniversário da *Rerum Novarum*, 14 de maio de 1953, AAS 45 (1953), pp. 402-408.
[6] Cf. Encíclica *Mater et Magistra*, 15 de maio de 1961, AAS 53 (1961), p. 440.
[7] *Gaudium et Spes*, n. 63-72, AAS 58 (1966), pp. 1084-1094.

cia. A Igreja estremece perante este grito de angústia e convida a cada um a responder com amor ao apelo do seu irmão.

As nossas viagens

4. Antes da nossa elevação ao sumo Pontificado, duas viagens, uma à América Latina (1960) outra à África (1962), puseram-nos em contato imediato com os lancinantes problemas que oprimem continentes tão cheios de vida e de esperança. Revestido da paternidade universal, por ocasião de novas viagens à Terra Santa e à Índia, pudemos ver com os nossos próprios olhos e como que tocar com as nossas próprias mãos as gravíssimas dificuldades que assaltam povos de civilização antiga lutando com o problema do desenvolvimento. Enquanto decorria em Roma o Concílio Ecumênico Vaticano II, circunstâncias providenciais levaram-nos a dirigir-nos à Assembléia geral das Nações Unidas: fizemo-nos, diante deste vasto areópago, o advogado dos povos pobres.

Justiça e paz

5. E, ultimamente, no desejo de responder ao voto do Concílio e de concretizar a contribuição da Santa Sé para esta grande causa dos povos em via de desenvolvimento, julgamos ser nosso dever criar entre os organismos centrais da Igreja, uma Comissão pontifícia encarregada de "suscitar em todo o povo de Deus o pleno conhecimento da missão que os tempos atuais reclamam

dele, de maneira a promover o progresso dos povos mais pobres, a favorecer a justiça social entre as nações, a oferecer às que estão menos desenvolvidas um auxílio, de maneira que possam prover, por si próprias e para si próprias, ao seu progresso"[8]: *Justiça e paz* é o seu nome e o seu programa. Pensamos que este mesmo programa pode e deve unir, com os nossos filhos católicos e irmãos cristãos, os homens de boa vontade. Por isso é a todos que hoje dirigimos este apelo solene a uma ação organizada para o desenvolvimento integral do homem e para o desenvolvimento solidário da humanidade.

---

[8] Motu proprio *Catholicam Christi Ecclesiam*, 6 de janeiro de 1967, AAS 59 (1967), p. 27.

PRIMEIRA PARTE

PARA UM DESENVOLVIMENTO INTEGRAL DO HOMEM

1. Dados do problema

Aspirações dos homens

6. Ser libertos da miséria, encontrar com mais segurança a subsistência, a saúde, um emprego estável; ter maior participação nas responsabilidades, excluindo qualquer opressão e situação que ofendam a sua dignidade de homens; ter maior instrução; numa palavra, realizar, conhecer e possuir mais, para ser mais: tal é a aspiração dos homens de hoje, quando um grande número dentre eles estão condenados a viver em condições que tornam ilusório este legítimo desejo. Por outro lado, os povos que ainda há pouco tempo conseguiram a independência nacional, sentem a necessidade de acrescentar a esta liberdade política um crescimento autônomo e digno, tanto social como econômico, a fim de garantirem aos cidadãos o seu pleno desenvolvimento humano e de ocuparem o lugar que lhes pertence no concerto das nações.

Colonização e colonialismo

7. Diante da amplitude e urgência da obra a realizar, os meios herdados do passado, apesar de insuficien-

tes, não deixam contudo de ser necessários. Sem dúvida, deve reconhecer-se que as potências colonizadoras se deixaram levar muitas vezes pelo próprio interesse, pelo poder ou pela glória, e a sua partida deixou, em alguns casos, uma situação econômica vulnerável, apenas ligada, por exemplo, ao rendimento da monocultura sujeita a variações de preço bruscas e consideráveis. Reconhecendo, embora, os defeitos de certo colonialismo e das suas conseqüências, não podemos deixar, todavia, de render homenagens às qualidades e às realizações dos colonizadores que levaram a ciência e a técnica a tantas regiões deserdadas e nelas deixaram frutos felizes da sua presença. Por muito incompletas que sejam, permanecem as estruturas que fizeram recuar a ignorância e a doença, estabeleceram comunicações benéficas, e melhoraram as condições de existência.

Desequilíbrio crescente

8. Dito e reconhecido isto, não resta dúvida alguma de que o equipamento existente está longe de bastar para se opor à dura realidade da economia moderna. Entregue a si mesmo, o seu mecanismo arrasta o mundo, mais para a agravação que para a atenuação da disparidade dos níveis de vida: os povos ricos gozam de um crescimento rápido, enquanto os pobres se desenvolvem lentamente. O desequilíbrio aumenta: alguns produzem em excesso gêneros alimentícios, que faltam cruelmente a outros, vendo estes últimos tornarem-se incertas as suas exportações.

Tomada de consciência cada vez maior

9. Ao mesmo tempo, os conflitos sociais propagaram-se em dimensões mundiais. A violenta inquietação que se apoderou das classes pobres, nos países em via de industrialização, atinge agora aqueles cuja economia é quase exclusivamente agrária: também os camponeses tomam consciência da sua imerecida miséria[9]. Junta-se a isto o escândalo de desproporções revoltantes, não só na posse dos bens mas ainda no exercício do poder. Enquanto, em certas regiões, uma oligarquia goza de civilização requintada, o resto da população, pobre e dispersa, é "privada de quase toda a possibilidade de iniciativa pessoal e de responsabilidade, e muitas vezes colocada, até em condições de vida e de trabalho indignas da pessoa humana"[10].

Choque das civilizações

10. Além disso, o choque entre as civilizações tradicionais e as novidades da civilização industrial, quebra as estruturas que não se adaptam às novas condições. O seu quadro, por vezes rígido, era o apoio indispensável da vida pessoal e familiar, e os mais velhos fixam-se nele, enquanto os jovens lhe fogem, como de um obstáculo inútil, voltando-se avidamente para novas formas de vida social. O conflito das gerações agrava-se assim com um

[9] Encíclica *Rerum Novarum*, 15 de maio de 1891, *Acta Leonis XIII*, t. XI (1892), p. 98.
[10] *Gaudium et Spes*, n. 63 § 3.

trágico dilema: ou guardar instituições e crenças atávicas, mas renunciar ao progresso, ou abrir-se às técnicas e civilizações vindas de fora, mas rejeitar, com as tradições do passado, toda a sua riqueza humana. Com efeito, demasiadas vezes cedem os suportes morais, espirituais e religiosos do passado, sem deixarem por isso garantida a inserção no mundo novo.

Conclusão

11. Nesta confusão, torna-se mais violenta a tentação que talvez leve a messianismos fascinantes, mas construtores de ilusões. Quem não vê os perigos que daí resultam, reações populares violentas, agitações revolucionárias, e um resvalar para ideologias totalitárias? Tais são os dados do problema, cuja gravidade a ninguém passa despercebida.

2. A Igreja e o desenvolvimento

Obra dos missionários

12. Fiel ao ensino e exemplo do seu divino Fundador, que dava como sinal da sua missão o anúncio da Boa Nova aos pobres[11], a Igreja nunca descurou a promoção humana dos povos aos quais levava a fé em Cristo. Os seus missionários construíram, não só igrejas, mas

[11] Cf. Lc 7,22

também asilos e hospitais, escolas e universidades. Ensinando aos nativos a maneira de tirar melhor partido dos seus recursos naturais, protegeram-nos, com freqüência, da cobiça dos estrangeiros. Sem dúvida que a sua obra, pelo que tinha de humano, não foi perfeita e alguns misturaram por vezes a maneira de pensar e de viver do seu país de origem, com a pregação da autêntica mensagem evangélica. Mas também souberam cultivar e promover as instituições locais. Em muitas regiões foram contados entre os pioneiros do progresso material e do desenvolvimento cultural. Basta relembrar o exemplo do padre Charles de Foucauld, que foi considerado digno de ser chamado pela sua caridade, "Irmão universal", e redigiu um precioso dicionário da língua tuaregue. Sentimo-nos na obrigação de prestar homenagem a estes precursores tantas vezes ignorados a quem a caridade de Cristo impelia, assim como aos seus êmulos e sucessores, que ainda hoje continuam a servir generosa e desinteressadamente aqueles que evangelizam.

Igreja e mundo

13. Mas, de futuro, as iniciativas locais e individuais não bastam. A situação presente do mundo exige uma ação de conjunto a partir de uma visão clara de todos os aspectos econômicos, sociais, culturais. Conhecedora da humanidade, a Igreja, sem pretender de modo algum imiscuir-se na política dos Estados, "tem apenas um fim em vista: continuar, sob o impulso do Espírito consolador, a obra própria de Cristo vindo ao mundo para dar testemunho da verdade, para salvar, não para condenar,

para servir, não para ser servido"[12]. Fundada para estabelecer já neste mundo o reino do céu e não para conquistar um poder terrestre, a Igreja afirma claramente que os dois domínios são distintos, como são soberanos os dois poderes, eclesiástico e civil, cada um na sua ordem[13]. Porém, vivendo na história deve "estar atenta aos sinais dos tempos e interpretá-los à luz do Evangelho"[14]. Comungando nas melhores aspirações dos homens e sofrendo de os ver insatisfeitos, deseja ajudá-los a alcançar o pleno desenvolvimento e, por isso, propõe-lhes o que possui como próprio: uma visão global do homem e da humanidade.

VISÃO CRISTÃ DO DESENVOLVIMENTO

14. O desenvolvimento não se reduz a um simples crescimento econômico. Para ser autêntico, deve ser integral, quer dizer, promover todos os homens e o homem todo, como justa e vincadamente sublinhou um eminente especialista: "não aceitamos que o econômico se separe do humano; nem o desenvolvimento, das civilizações em que ele se inclui. O que conta para nós, é o homem, cada homem, cada grupo de homens, até se chegar à humanidade inteira"[15].

---

[12] *Gaudium et Spes*, n. 3 § 2.

[13] Cf. Encíclica *Immortale Dei*, 1 de novembro 1885, *Acta Leonis XIII*, t. V (1885), p. 127.

[14] *Gaudium et Spes*, n. 4 § 1.

[15] L.-J. Lebret, O.P., *Dynamique concrète du développement*, Paris Economie et Humanisme, Les Editionis Ouvrières, 1961, p. 28.

Vocação ao crescimento

15. Nos desígnios de Deus, cada homem é chamado a desenvolver-se, porque toda a vida é vocação. É dado a todos, em germe, desde o nascimento, um conjunto de aptidões e de qualidades para as fazer render: desenvolvê-las será fruto da educação recebida do meio ambiente e do esforço pessoal, e permitirá a cada um orientar-se para o destino que lhe propõe o Criador. Dotado de inteligência e de liberdade, é cada um responsável tanto pelo seu crescimento como pela sua salvação. Ajudado, por vezes constrangido, por aqueles que o educam e rodeiam, cada um, sejam quais forem as influências que sobre ele se exerçam, permanece o artífice principal do seu êxito ou do seu fracasso: apenas com o esforço da inteligência e da vontade, pode cada homem crescer em humanidade, valer mais, ser mais.

Dever pessoal...

16. Por outro lado, este crescimento não é facultativo. Como toda a criação está ordenada em relação ao Criador, a criatura espiritual é obrigada a orientar espontaneamente a sua vida para Deus, verdade primeira e soberano bem. Assim o crescimento humano constitui como que um resumo dos nossos deveres. Mais ainda, esta harmonia, pedida pela natureza e enriquecida pelo esforço pessoal e responsável, é chamada a ultrapassar-se. Pela sua inserção em Cristo vivificante, o homem entra

num desenvolvimento novo, num humanismo transcendente que o leva a atingir a sua maior plenitude: tal é a finalidade suprema do desenvolvimento pessoal.

... e comunitário

17. Mas cada homem é membro da sociedade: pertence à humanidade inteira. Não é apenas tal ou tal homem; são todos os homens, que são chamados a este pleno desenvolvimento. As civilizações nascem, crescem e morrem. Assim como as vagas na enchente da maré avançam sobre a praia, cada uma um pouco mais que a antecedente, assim a humanidade avança no caminho da história. Herdeiros das gerações passadas e beneficiários do trabalho dos nossos contemporâneos, temos obrigações para com todos, e não podemos desinteressar-nos dos que virão depois de nós aumentar o círculo da família humana. A solidariedade universal é para nós não só um fato e um benefício, mas também um dever.

Escala de valores

18. Este crescimento pessoal e comunitário ficaria comprometido se se alterasse a verdadeira escala dos valores. É legítimo o desejo do necessário, e o trabalho para o alcançar é um dever: "se alguém não quer trabalhar, que também não coma"[16]. Mas a aquisição dos bens

[16] 2Ts 3,10.

temporais pode levar à cobiça, ao desejo de ter sempre mais e à tentação de aumentar o poder. A avareza pessoal, familiar e nacional, pode entrar tanto nos mais desprovidos como nos mais ricos e suscitar nuns e noutros um materialismo sufocante.

Crescimento ambivalente

19. Tanto para os povos como para as pessoas, possuir mais não é o fim último. Qualquer crescimento é ambivalente. Embora necessário para permitir ao homem ser mais homem, torna-o contudo prisioneiro no momento em que se transforma no bem supremo que impede de ver mais além. Então os corações se endurecem e os espíritos fecham-se, os homens já não se reúnem pela amizade, mas pelo interesse, que bem depressa os opõe e os desune. A busca exclusiva do ter, forma então um obstáculo ao crescimento do ser e opõe-se à sua verdadeira grandeza: tanto para as nações como para as pessoas, a avareza é a forma mais evidente do subdesenvolvimento moral.

Para uma condição mais humana

20. Se a procura do desenvolvimento pede um número cada vez maior de técnicos, exige um número cada vez maior de sábios de reflexão profunda, em busca de um humanismo novo, que permita ao homem moderno o encontro de si mesmo, assumindo os valores

superiores do amor, da amizade, da oração e da contemplação[17]. Assim poderá realizar-se em plenitude o verdadeiro desenvolvimento, que é, para todos e para cada um, a passagem de condições menos humanas a condições mais humanas.

O ideal a realizar

21. Menos humanas: as carências materiais dos que são privados do mínimo vital, e as carências morais dos que são mutilados pelo egoísmo. Menos humanas: as estruturas opressivas, quer provenham dos abusos da posse ou do poder, da exploração dos trabalhadores ou da injustiça das transações. Mais humanas: a passagem da miséria à posse do necessário, a vitória sobre os flagelos sociais, o alargamento dos conhecimentos, a aquisição da cultura. Mais humanas também: a consideração crescente da dignidade dos outros, a orientação para o espírito de pobreza[18], a cooperação no bem comum, a vontade da paz. Mais humanas ainda: o reconhecimento, pelo homem, dos valores supremos, e de Deus que é a origem e o termo deles. Mais humanas, finalmente e sobretudo, a fé, dom de Deus acolhido pela boa vontade do homem, e a unidade na caridade de Cristo que nos chama a todos a participar como filhos na vida do Deus vivo, Pai de todos os homens.

[17] Cf. por exemplo, J. Maritain, *Les condicions spirituelles du progrès et de la paix*, in *Rencontre des cultures à l'UNESCO sous le signe du Concile œcuménique Vatican II*, Paris, Mame, 1966, p. 66.

[18] Cf. Mt 5,3.

3. Ação a empreender

O DESTINO UNIVERSAL DOS BENS

22. "Enchei a terra e dominai-a"[19]: logo desde a primeira página, a Bíblia ensina-nos que toda a criação é para o homem, com a condição de ele aplicar o seu esforço inteligente em valorizá-la e, pelo seu trabalho, por assim dizer, completá-la em seu serviço. Se a terra é feita para fornecer a cada um os meios de subsistência e os instrumentos do progresso, todo o homem tem direito, portanto, de nela encontrar o que lhe é necessário. O atual Concílio lembrou-o: "Deus destinou a terra e tudo o que nela existe ao uso de todos os homens e de todos os povos, de modo que os bens da criação afluam com eqüidade às mãos de todos, segundo a regra da justiça, inseparável da caridade"[20]. Todos os outros direitos, quaisquer que sejam, incluindo os de propriedade e de comércio livre, estão-lhe subordinados: não devem portanto impedir, mas, pelo contrário, facilitar a sua realização; e é um dever social grave e urgente conduzi-los à sua finalidadde primeira.

---

[19] Gn 1,28.
[20] *Gaudium et Spes*, n. 69 § 1.

A propriedade

23. "Se alguém, gozando dos bens deste mundo, vir o seu irmão em necessidade e lhe fechar as entranhas, como permanece nele a caridade de Deus?"[21]. Sabe-se com que insistência os Padres da Igreja determinaram qual deve ser a atitude daqueles que possuem em relação aos que estão em necessidade: "não dás da tua fortuna, assim afirma santo Ambrósio, ao seres generoso para com o pobre, tu dás daquilo que lhe pertence. Porque aquilo que te atribues a ti, foi dado em comum para uso de todos. A terra foi dada a todos e não apenas aos ricos"[22]. Quer dizer que a propriedade privada não constitui para ninguém um direito incondicional e absoluto. Ninguém tem direito de reservar para seu uso exclusivo aquilo que é supérfluo, quando a outros falta o necessário. Numa palavra, "o direito de propriedade nunca deve exercer-se em detrimento do bem comum, segundo a doutrina tradicional dos Padres da Igreja e dos grandes teólogos". Surgindo algum conflito "entre os direitos privados e adquiridos e as exigências comunitárias", é ao poder público que pertence "resolvê-lo, com a participação ativa das pessoas e dos grupos sociais"[23].

---

[21] 1Jo 3,17.
[22] *De Nabuthe,* c. 12, n. 53, P.L. 14, 747. Cf. J.-R. Palanque, *Saint Ambroise et l'empire romain,* Paris, de Boccard, 1933, pp. 336ss.
[23] Lettre à la Semaine sociale de Brest, em *L'homme et la révolution urbaine,* Lyon, Chronique sociale, 1965, pp. 8 e 9.

O uso dos rendimentos

24. O bem comum exige por vezes a expropriação, se certos domínios formam obstáculos à prosperidade coletiva, pelo fato da sua extensão, da sua exploração fraca ou nula, da miséria que daí resulta para as populações, do prejuízo considerável causado aos interesses do país. Afirmando-o com clareza[24], o Concílio também lembrou, não menos claramente, que o rendimento disponível não está entregue ao livre capricho dos homens, e que as especulações egoístas devem ser banidas. Assim, não é admissível que cidadãos com grandes rendimentos, provenientes da atividade e dos recursos nacionais, transfiram uma parte considerável para o estrangeiro, com proveito apenas pessoal, sem se importarem do mal evidente que com isso causam à pátria[25].

INDUSTRIALIZAÇÃO

25. Necessária ao rendimento econômico e ao progresso humano, a indrodução da indústria é ao mesmo tempo, sinal e fator de desenvolvimento. Por meio de uma aplicação tenaz da inteligência e do trabalho, o homem consegue arrancar, pouco a pouco, os segredos à natureza e usar melhor das suas riquezas. Ao mesmo tempo que disciplina os hábitos, desenvolve em si o gosto da

---

[24] *Gaudium et Spes,* n. 71, § 6.
[25] Cf., ibid., n. 65 § 3.

investigação e da invenção, o acolhimento do risco prudente, a audácia nas empresas, a iniciativa generosa e o sentido da responsabilidade.

Capitalismo liberal

26. Infelizmente, sobre estas novas condições da sociedade, construiu-se um sistema que considerava o lucro como motor essencial do progresso económico, a concorrência como lei suprema da economia, a propriedade privada dos bens de produção como direito absoluto, sem limite nem obrigações sociais correspondentes. Este liberalismo sem freio conduziu à ditadura denunciada com razão por Pio XI, como geradora do "imperialismo internacional do dinheiro"[26]. Nunca será demasiado reprovar tais abusos, lembrando mais uma vez, solenemente, que a economia está ao serviço do homem[27]. Mas, se é verdade que um certo capitalismo foi a fonte de tantos sofrimentos, injustiças e lutas fratricidas com efeitos ainda duráveis, é contudo sem motivo que se atribuem à industrialização males que são devidos ao nefasto sistema que a acompanhava. Pelo contrário, é necessário reconhecer com toda a justiça o contributo insubstituível da organização do trabalho e do progresso industrial na obra do desenvolvimento.

[26] Encíclica *Quadragesimo Anno*, 15 de maio de 1931 AAS 23 (1931), p. 212.
[27] Cf. por exemplo, Colin Clark, *The conditions of economic progress*, 3, ed., London, Macmillan & Co., New York, St. Martin's Press, 1960, pp. 3-6.

O trabalho

27. De igual modo, se por vezes reina uma mística exagerada do trabalho, não resta dúvida de que este é querido e abençoado por Deus. Criado à sua imagem "o homem deve cooperar com o Criador no aperfeiçoamento da criação e imprimir, por sua vez, na terra, o cunho espiritual que ele próprio recebeu"[28]. Deus, que dotou o homem de inteligência de imaginação e de sensibilidade, deu-lhe assim o meio para completar, de certo modo, a sua obra: ou seja artista ou artífice, empreendedor, operário ou camponês, todo o trabalhador é um criador. Debruçado sobre uma matéria que lhe resiste, o trabalhador imprime-lhe o seu cunho, enquanto para si adquire tenacidade, engenho e espírito de invenção. Mais ainda, vivido em comum, na esperança, no sofrimento, na aspiração e na alegria partilhada, o trabalho une as vontades, aproxima os espíritos e solda os corações: realizando-o, os homens descobrem que são irmãos[29].

A sua ambivalência

28. Ambivalente, sem dúvida, pois promete dinheiro, gozo e poder, convidando uns ao egoísmo e outros à revolta, o trabalho também desenvolve a consciência profissional, o sentido do dever e a caridade para com o

---

[28] Lettre à la Semaine sociale de Lyon, em *Le travail et les travailleurs dans la société contemporaine*, Lyon, Chronique sociale, 1965, p. 6.

[29] Cf., por exemplo, M.-D. Chenu. O.P., *Pour une théologie du travail*, Paris, Editions du Seuil, 1955.

próximo. Mais científico e melhor organizado, corre o perigo de desumanizar o seu executor, tornando-o escravo, pois o trabalho só é humano na medida em que permanecer inteligente e livre. João XXIII lembrou a urgência de restituir ao trabalhador a sua dignidade, fazendo-o participar realmente na obra comum: "deve-se tender a que a empresa se transforme numa comunidade de pessoas, nas relações, funções e situações de todo o seu pessoal"[30]. O trabalho dos homens e, com maior razão o dos cristãos, tem ainda a missão de colaborar na criação do mundo sobrenatural[31], inacabado até chegarmos todos a construir esse Homem perfeito de que fala são Paulo, "que realiza a plenitude de Cristo"[32].

URGÊNCIA DA OBRA A REALIZAR

29. Urge começar: são muitos os homens que sofrem, e aumenta a distância que separa o progresso de uns da estagnação e, até mesmo, do retrocesso de outros. No entanto, é preciso que a obra a realizar progrida harmoniosamente, sob a pena de destruir equilíbrios indispensáveis. Uma reforma agrária improvisada pode falhar o seu objetivo. Uma industrialização precipitada pode desmoronar estruturas ainda necessárias, criar misérias sociais que seriam um retrocesso humano.

---

[30] *Mater et Magistra,* AAS 53 (1961), p. 423.
[31] Cf. por exemplo, O. von Nell-Breuning S.J., *Wirtschaft und Gesellschaft,* t. 1: *Grundfragen,* Freiburg, Herder, 1956, pp. 183-184.
[32] Ef 4,13.

Tentações da violência

30. Certamente há situações, cuja injustiça brada ao céus. Quando populações inteiras, desprovidas do necessário, vivem numa dependência que lhes corta toda a iniciativa e responsabilidade, e também toda a possibilidade de formação cultural e de acesso à carreira social e política, é grande a tentação de repelir pela violência tais injúrias à dignidade humana.

Revolução

31. Não obstante, sabe-se que a insurreição revolucionária — salvo casos de tirania evidente e prolongada que ofendesse gravemente os direitos fundamentais da pessoa humana e prejudicasse o bem comum do país — gera novas injustiças, introduz novos desequilíbrios, provoca novas ruínas. Nunca se pode combater um mal real à custa de uma desgraça maior.

Reforma

32. Desejaríamos ser bem compreendidos: a situação atual deve ser enfrentada corajosamente, assim como devem ser combatidas e vencidas as injustiças que ela comporta. O desenvolvimento exige transformações audaciosas, profundamente inovadoras. Devem empreender-se, sem demora, reformas urgentes. Contribuir para elas com a sua parte, compete a cada pessoa, sobretudo àque-

las que, por educação, situação e poder, têm grandes possibilidades de influxo. Dando exemplo, tirem dos seus próprios bens, como fizeram alguns dos nossos irmãos no episcopado[33]. Responderão, assim, à expectativa dos homens e serão fiéis ao Espírito de Deus, porque foi "o fermento evangélico que suscitou e suscita no coração do homem uma exigência incoercível de dignidade"[34].

PROGRAMA E PLANIFICAÇÃO

33. Só a iniciativa individual e o simples jogo da concorrência não bastam para assegurar o êxito do desenvolvimento. Não é lícito aumentar a riqueza dos ricos e o poder dos fortes, confirmando a miséria dos pobres e tornando maior a escravidão dos oprimidos. São necessários programas para "encorajar, estimular, coordenar, suprir e integrar"[35] a acão dos indivíduos e dos organismos intermediários. Pertence aos poderes públicos escolher e, mesmo impor, os objetivos a atingir, os fins a alcançar e os meios para os conseguir e é a eles que compete estimular todas as forças conjugadas nesta ação comum. Tenham porém cuidado de associar a esta obra as iniciativas privadas e os organismos intermediários. Assim, evitarão o perigo de uma coletivização inte-

---

[33] Cf., por exemplo, D. M. Larrain Errazuriz, Bispo de Talca (Chile), Presidente da CELAM, *Desarrollo: Exito e Fracasso en America Latina: llantado de un Obispo a los Christianos*, 1965, Edit. Universidad Católica, Santiago, Chile.
[34] *Gaudium et Spes*, n. 26, § 4.
[35] *Mater et Magistra*, AAS 53 (1961), p. 414.

gral ou de uma planificação arbitrária que, privando os homens da liberdade, poriam de parte o exercício dos direitos fundamentais da pessoa humana.

Ao serviço do homem

34. Porque, qualquer programa feito para aumentar a produção não tem, afinal, razão de ser senão colocado ao serviço da pessoa. Deve reduzir desigualdades, combater discriminações, libertar o homem da servidão, torná-lo capaz de, por si próprio, ser o agente responsável do seu bem-estar material, progresso moral e desenvolvimento espiritual. Dizer desenvolvimento, é com efeito preocupar-se tanto com o progresso social como com o crescimento econômico. Não basta aumentar a riqueza comum, para que ela seja repartida eqüitativamente. Não basta promover a técnica, para que a terra possa ser habitada de maneira mais humana. Nos erros dos predecessores reconheçam, os povos que se encontram em fase de desenvolvimento, um aviso dos perigos que hão de evitar neste domínio. A tecnocracia de amanhã pode gerar ainda piores males que o liberalismo de ontem. Economia e técnica não têm sentido, senão em função do homem, ao qual devem servir. E o homem só é verdadeiramente homem, na medida em que, senhor das suas ações e juiz do valor destas, é autor do seu progresso, em conformidade com a natureza que lhe deu o Criador, cujas possibilidades e exigências ele aceita livremente.

Alfabetização

35. Pode mesmo afirmar-se que o crescimento econômico depende, em primeiro lugar, do progresso social. Por isso a educação de base é o primeiro objetivo dum plano de desenvolvimento. A fome de instrução não é menos deprimente que a fome de alimentos: um analfabeto é um espírito subalimentado. Saber ler e escrever, adquirir uma formação profissional, é ganhar confiança em si mesmo e descobrir que pode avançar com os outros. Como dizíamos na nossa mensagem ao Congresso da UNESCO, em Teerã no ano de 1965, a alfabetização é para o homem "fator primordial de integração social e de enriquecimento da pessoa e, para a sociedade, instrumento privilegiado de progresso econômico e desenvolvimento"[36]. Por isso nos alegramos do trabalho realizado neste domínio pelas iniciativas privadas, pelos poderes públicos e organizações internacionais: são os primeiros obreiros do desenvolvimento, porque tornam o homem apto a empreendê-lo.

Família

36. Mas o homem só é homem quando integrado no seu meio social, onde a família desempenha um papel de primeira ordem. Este foi por vezes excessivo, em certas épocas e regiões, quando exercido à custa de liberdades fundamentais da pessoa. Os antigos quadros

[36] *L'Osservatore Romano*, 11 de setembro de 1965.

sociais dos países em via de desenvolvimento, muitas vezes demasiado rígidos e mal organizados, são ainda necessários por algum tempo, embora devam ir diminuindo o que têm de influência exagerada. Porém, a família natural, monogâmica e estável, tal como o desígnio de Deus a concebeu[37] e o cristianismo a santificou, deve continuar a ser esse "lugar de encontro de várias gerações que reciprocamente se ajudam a alcançar uma sabedoria mais plena e a conciliar os direitos pessoais com as outras exigências da vida social"[38].

Demografia

37. É bem verdade que um crescimento demográfico acelerado vem, com demasiada freqüência, trazer novas dificuldades ao problema do desenvolvimento: o volume da população aumenta muito mais rapidamente que os recursos disponíveis, e cria-se uma situação que parece não ter saída. Surge, por isso, a grande tentação de refrear o crescimento demográfico por meios radicais. É certo que os poderes públicos, nos limites da sua competência, podem intervir, promovendo uma informação apropriada, e tomando medidas aptas, contanto que sejam conformes às exigências da lei moral e respeitem a justa liberdade dos cônjuges. Sem direito inalienável ao matrimônio e à procriação, não existe dignidade humana. Em última análise, é aos pais que compete determi-

---

[37] Cf. Mt 19,6
[38] *Gaudium et Spes*, n. 52, § 2.

nar, com pleno conhecimento de causa, o número de filhos, assumindo a responsabilidade perante Deus, perante eles próprios, perante os filhos que já nasceram e perante a comunidade a que pertencem, de acordo com as exigências da sua consciência, formada segundo a lei de Deus autenticamente interpretada e sustentada pela confiança nele[39].

Organizações profissionais

38. Na obra do desenvolvimento, o homem, que na família encontra o seu modo de vida primordial, é muitas vezes ajudado por organizações profissionais. Se a razão de ser destas organizações é promover os interesses dos seus membros, torna-se grande a sua responsabilidade perante a tarefa educativa que elas podem e devem realizar. Através das informações dadas e da formação que propõem, têm o poder de transmitir a todos o sentido do bem comum e das obrigações que ele impõe a cada homem.

Pluralismo legítimo

39. Toda a ação social impõe uma doutrina, mas o cristão não pode admitir a que implique uma filosofia materialista e atéia, nem respeite a orientação religiosa da vida para o seu último fim, a liberdade e a dignidade

[39] Cf. ibid., n. 50-51 (e n. 14), n. 87, § 2 e 3.

humana. Mas garantidos estes valores, é admissível, e até certo ponto útil, um pluralismo de organizações profissionais e sindicais, contanto que ele proteja a liberdade e provoque a emulação. É com toda a nossa alma que prestamos homenagem a quem quer que, por este meio, trabalha servindo desinteressadamente os seus irmãos.

Promoção cultural

40. Além de organizações profissionais, funcionam também instituições culturais, cujo papel não é de menos valor para o bom êxito do desenvolvimento. "O futuro do mundo está ameaçado, afirma gravemente o Concílio, se na nossa época não surgirem sábios". E acrescenta: "numerosos países, pobres em bens materiais, mas ricos em sabedoria, podem trazer aos outros inapreciável contribuição"[40]. Rico ou pobre, cada país possui uma civilização recebida dos antepassados: instituições exigidas para a vida terrestre e manifestações superiores — artísticas, intelectuais e religiosas — da vida do espírito. Quando estas últimas possuem verdadeiros valores humanos, grande erro é sacrificá-los àquelas. Um povo que nisso consentisse perderia o melhor de si mesmo, sacrificaria, julgando encontrar vida, a razão da sua própria vida. O ensinamento de Cristo vale também para os povos: "de que serve ao homem ganhar o mundo inteiro, se vem a perder a sua alma?"[41]

[40] Ibid., n. 15, § 3.
[41] Mt 16,26.

Tentação materialista

41. Nunca será demais defender os países pobres desta tentação que lhes vem dos povos ricos. Estes apresentam, muitas vezes, não só o exemplo do seu êxito numa civilização técnica e cultural, mas também o modelo de uma atividade, aplicada sobretudo à conquista da prosperidade material. Esta não impede, por si mesma, a atividade do espírito. Pelo contrário, "o espírito, mais liberto da escravidão das coisas, pode facilmente elevar-se ao culto e contemplação do Criador"[42]. No entanto, "civilização atual, não pelo que tem de essencial, mas pelo fato de estar muito ligada com as realidades terrestres, torna muitas vezes mais difícil o acesso a Deus"[43]. Naquilo que lhe é proposto, os povos em via de desenvolvimento devem saber escolher: criticar e eliminar os falsos bens que levariam a uma diminuição do ideal humano, e aceitar os valores verdadeiros e benéficos, para os desenvolver, juntamente com os seus, segundo a própria índole.

---

[42] *Gaudium et Spes,* n. 57, 4.
[43] Ibid., n. 19 § 2.

Para um humanismo total

Conclusão

42. É necessário promover um humanismo total[44]. Que vem ele a ser senão o desenvolvimento integral do homem todo e de todos os homens? Poderia aparentemente triunfar um humanismo limitado, fechado aos valores do espírito e a Deus, fonte do verdadeiro humanismo. O homem pode organizar a terra sem Deus, mas "sem Deus só a pode organizar contra o homem. Humanismo exclusivo é humanismo desumano"[45]. Não há, portanto, verdadeiro humanismo, senão o aberto ao Absoluto, reconhecendo uma vocação que exprime a idéia exata do que é a vida humana. O homem, longe de ser a norma última dos valores, só se pode realizar a si mesmo, ultrapassando-se. Segundo a frase tão exata de Pascal: "O homem ultrapassa infinitamente o homem"[46].

---

[44] Cf., por exemplo, J. Maritain, *L"humanisme intégral,* Paris, Aubier, 1936.
[45] H. de Lubac S.J., *Le drame de l'humanisme athée,* 3ª ed., Paris, Spes, 1945, p. 10.
[46] *Pensées,* ed. Brunschviecg, n. 434. Cf. M. Zundeil, *L'homme passe l'homme,* Le Caire, Editions du Lien, 1944.

SEGUNDA PARTE

PARA UM DESENVOLVIMENTO SOLIDÁRIO DA HUMANIDADE

Introdução

43. O desenvolvimento integral do homem não pode realizar-se sem o desenvolvimento solidário da humanidade. Dizíamos em Bombaim: "o homem deve encontrar o homem, as nações devem encontrar-se como irmãos e irmãs, como filhos de Deus. Nessa compreensão e amizade mútuas, nesta comunhão sagrada, devemos começar também a trabalhar juntos para construir o futuro comum da humanidade"[47]. Por isso, sugeríamos a busca de meios de organização e de cooperação, concretos e práticos, para pôr em comum os recursos disponíveis e realizar, assim, uma verdadeira comunhão entre todas as nações.

Fraternidade dos povos

44. Este dever diz respeito, em primeiro lugar, aos mais favorecidos. As suas obrigações enraízam-se na fraternidade humana e sobrenatural, apresentando-se sob um tríplice aspecto: o do dever de solidariedade, ou seja, o auxílio que as nações ricas devem prestar aos países em via de desenvolvimento; o do dever de justiça social, isto é, a retificação das relações comerciais defeituosas, entre povos fortes e povos fracos; o do dever de caridade universal, quer dizer, a promoção, para todos, de um mundo mais humano e onde todos tenham qualquer coi-

---

[47] Alocução aos representantes das religiões não-cristãs, 3 de dezembro 1964, AAS 57 (1965), p. 132.

sa a dar e a receber, sem que o progresso de uns seja obstáculo ao desenvolvimento dos outros. O futuro da civilização mundial está dependente da solução deste grave problema.

1. Assistência aos fracos

Luta contra a fome

45. "Se um irmão ou uma irmã estiverem nus, diz são Tiago, e precisarem do alimento cotidiano e algum de vós lhes disser ide em paz, aquecei-vos e saciai-vos, sem lhes dar o que é necessário ao corpo, de que lhes aproveitará?"[48]. Hoje ninguém pode ignorar que, em continentes inteiros, são inumeráveis os homens e as mulheres torturados pela fome, inumeráveis as crianças subalimentadas, a ponto de morrer uma grande parte delas em tenra idade e o crescimento físico e o desenvolvimento mental de muitas outras correrem perigo. E todos sabem que regiões inteiras estão, por este mesmo fato, condenadas ao mais triste desânimo.

[48] Tg 2,15-16.

Hoje

46. Já se fizeram ouvir apelos angustiados. O de João XXIII foi calorosamente atendido[49]. Nós próprios o repetimos na nossa mensagem de Natal, em 1963[50], e novamente, a favor da Índia, em 1966[51]. A campanha contra a fome, iniciada pela Organização Internacional da Alimentação e Agricultura (FAO) e estimulada pela Santa Sé, provocou dedicações generosas. A nossa *Caritas internationalis* está por toda a parte em ação e numerosos católicos, sob o impulso dos nossos irmãos no episcopado, dão e dão-se sem medida, para ajudar os que necessitam, alargando progressivamente o âmbito do seu próximo.

Amanhã

47. Mas isto não basta, como não bastam os investimentos realizados, privados ou públicos, as dádivas e empréstimos concedidos. Não se trata apenas de vencer a fome, nem tampouco de afastar a pobreza. O combate contra a miséria, embora urgente e necessário, não é suficiente. Trata-se de construir um mundo em que todos os homens, sem exceção de raça, religião ou nacionalidade, possam viver uma vida plenamente humana, livre de servidões que lhe vêm dos homens e de uma natureza

---

[49] Cf. *Mater et Magistra*, AAS 53, (1961), p. 440ss.
[50] Cf. AAS 56 (1964), pp. 57-58.
[51] Cf. *Encicliche e Discorsi di Paolo VI*, vol. IX, Roma, ed. Paoline, 1966, pp. 132-136.

mal domada; um mundo em que a liberdade não seja uma palavra vã e em que o pobre Lázaro possa sentar-se à mesa do rico[52]. Isto exige, da parte deste último, grande generosidade, muitos sacrifícios e um esforço contínuo. Compete a cada um examinar a própria consciência, que agora fala com voz nova para a nossa época. Estará o rico pronto a dar do seu dinheiro, para sustentar as obras e missões organizadas em favor dos mais pobres? Estará disposto a pagar mais impostos para que os poderes públicos intensifiquem os esforços pelo desenvolvimento? A comprar mais caro os produtos importados, para remunerar com maior justiça o produtor? E, se é jovem, a deixar a pátria, sendo necessário, para ir levar ajuda ao crescimento das nacões novas?

Dever de solidariedade

48. O dever de solidariedade é o mesmo, tanto para as pessoas como para os povos: "é dever muito grave dos povos desenvolvidos ajudar os que estão em via de desenvolvimento"[53]. É necessário pôr em prática este ensinamento do Concílio. Se é normal que uma população seja a primeira a beneficiar os dons que a providência lhe concedeu como fruto do seu trabalho, é também certo que nenhum povo tem o direito de reservar as suas riquezas para seu uso exclusivo. Cada povo deve produzir mais e melhor, para dar aos seus um nível de vida

---

[52] Cf. Lc 16,19-31.
[53] *Gaudium et Spes*, n. 86, § 3.

verdadeiramente humano e, ao mesmo tempo, contribuir para o desenvolvimento solidário da humanidade. Perante a indigência crescente dos países subdesenvolvidos, deve considerar-se normalmente que um país evoluído dedique uma parte da sua produção a socorrer as suas necessidades; é também normal que forme educadores, técnicos e sábios, que ponham a ciência e a competência ao seu serviço.

Supérfluo

49. Repetimos, mais uma vez: o supérfluo dos países ricos deve pôr-se ao serviço dos países pobres. A regra que existia outrora em favor dos mais próximos, deve aplicar-se hoje à totalidade dos necessitados do mundo inteiro. Aliás, serão os ricos os primeiros a beneficiar-se com isto. De outro modo, a sua avareza continuada provocaria os juízos de Deus e a cólera dos pobres, com conseqüências imprevisíveis. Concentradas no seu egoísmo, as civilizações atualmente florescentes lesariam os seus mais altos valores, sacrificando a vontade de ser mais, ao desejo de ter mais. E aplicar-se-ia a parábola do homem rico, cujas propriedades tinham produzido muito e que não sabia onde guardar a colheita: "Deus disse-lhe: néscio, nesta mesma noite virão reclamar a tua alma"[54].

---

[54] Lc 12,20.

Programas

50. Para atingirem a sua plena eficácia, estes esforços não podem ficar dispersos e isolados e, menos ainda, opostos por razões de prestígio ou de poder: a situação atual exige programas bem organizados. Um programa é, efetivamente, mais e melhor que um auxílio ocasional, deixado à benevolência de cada um. Supõe, como acima dissemos, estudos aprofundados, fixação de objetivos, determinação de meios e conjugação de esforços, para que possa responder às necessidades presentes e às exigências previsíveis. Mais ainda, ultrapassa as perspectivas do crescimento econômico e do progresso social: dá sentido e valor à obra que se pretende realizar. Ordenando o mundo, valoriza o homem.

Fundo mundial

51. Era necessário ir ainda mais longe. Pedíamos, em Bombaim, a organização de um grande *Fundo mundial*, sustentado por uma parte da verba das despesas militares, para vir em auxílio dos mais deserdados[55]. O que é válido para a luta imediata contra a miséria vale também no que respeita ao desenvolvimento. Só uma colaboração mundial, de que um fundo comum seria, ao mesmo tempo, símbolo e instrumento, permitiria superar as rivalidades estéreis e estabelecer um diálogo fecundo e pacífico entre todos os povos.

[55] Cf. Mensagem ao mundo, em 4 de dezembro de 1964, cf. AAS 57 (1965), p. 135.

Suas vantagens

52. Podem manter-se, sem dúvida, acordos bilaterais ou multilaterais: estes acordos permitirão substituir as relações de dependência e os ressentimentos vindos de uma era colonial, por boas relações de amizade, mantidas num pé de igualdade jurídica e política. Mas incorporados num programa de colaboração mundial, ficariam isentos de qualquer suspeita. A desconfiança dos beneficiados seria assim atenuada. Temeriam menos certas manifestações a que se chamou neocolonialismo, dissimulado em auxílio financeiro ou assistência técnica, sob a forma de pressões políticas e domínios econômicos, tendo em vista defender ou conquistar uma hegemonia dominadora.

Sua urgência

53. Por outro lado, quem não vê que um tal fundo facilitaria que certas quantidades fossem retiradas para ele de esbanjamentos que são fruto do medo ou do orgulho? Quando tantos povos têm fome, tantos lares vivem na miséria, tantos homens permanecem mergulhados na ignorância, tantas escolas, hospitais e habitações, dignas deste nome, ficam por construir, torna-se um escândalo intolerável qualquer esbanjamento público ou privado, qualquer gasto de ostentação nacional ou pessoal qualquer recurso exagerado aos armamentos. Sentimo-nos na obrigação de o denunciar. Dignem-se ouvir-nos os responsáveis, antes que se torne demasiado tarde.

Diálogo a estabelecer

54. Quer dizer que é indispensável estabelecer entre todos este diálogo, para que apelávamos com os nossos votos, na primeira Encíclica *Ecclesiam suam*[56]. Este mesmo diálogo, entre aqueles que fornecem os meios e os que deles se beneficiam, permitirá avaliar os subsídios, não só quanto à generosidade e disponibilidade de uns, mas também em função dos bens reais e das possibilidades de emprego de outros. Então, os países em via de desenvolvimento já não correrão o risco de ficarem sobrecarregados de dívidas, cuja amortização e juros absorvem o melhor dos seus lucros. Os juros e a duração dos empréstimos podem ser organizados de maneira suportável a uns e a outros, equilibrando os donativos gratuitos, os empréstimos sem juros ou taxa mínima, com a duração das amortizações. Podem dar-se garantias aos que fornecem os meios financeiros, sobre a maneira como serão empregados, segundo o plano combinado e com uma eficácia razoável, pois não se trata de favorecer preguiçosos e parasitas. E os beneficiados podem exigir que não se intrometam na sua própria política, nem pertubem a sua estrutura social. Como Estados soberanos, compete-lhes conduzir os seus próprios negócios, determinar a sua política e orientar-se livremente para a sociedade que preferirem. Portanto, é uma colaboração voluntária, uma participação eficaz de uns com os outros, numa idêntica dignidade, que deve estabelecer-se para a construção de um mundo mais humano.

[56] Cf. AAS 56 (1964), pp. 639ss

Sua necessidade

55. A tarefa pode parecer impossível nas regiões onde a preocupação da subsistência cotidiana monopoliza toda a existência das famílias, incapazes de conceber um trabalho que seja suscetível de preparar um futuro menos miserável. É, contudo, a estes homens e a estas mulheres, que é necessário ajudar, levar à realização do seu próprio desenvolvimento e a adquirirem progressivamente os meios para o atingir. Certamente, esta obra comum não irá a cabo sem um esforço combinado, constante e corajoso. Fique, no entanto, cada um bem persuadido de que estão em jogo a vida dos povos pobres, a paz civil dos países em via de desenvolvimento, e a paz do mundo.

2. Eqüidade nas relações comerciais

56. Ainda que fossem consideráveis, seriam ilusórios os esforços feitos para ajudar, no plano financeiro e técnico, os países em via de desenvolvimento, se os resultados fossem parcialmente anulados pelo jogo das relações comerciais entre países ricos e países pobres. A confiança destes últimos ficaria abalada, se tivessem a impressão de que uma das mãos lhes tira o que a outra lhes dá.

Distorção crescente

57. As nações muito industrializadas exportam sobretudo produtos fabricados, enquanto as economias pouco desenvolvidas vendem apenas produções agrícolas e matérias-primas. Aqueles, graças ao progresso técnico, aumentam rapidamente de valor e encontram um mercado satisfatório. Pelo contrário, os produtos primários provenientes dos países em via de desenvolvimento sofrem grandes e repentinas variações de preços, muito aquém da subida progressiva dos outros. Daqui surgem grandes dificuldades para as nações pouco industrializadas, quando contam com as exportações para equilibrar a sua economia e realizar o seu plano de desenvolvimento. Os povos pobres ficam sempre pobres e os ricos tornam-se cada vez mais ricos.

Para além do liberalismo

58. Quer dizer que a regra da livre troca já não pode, por si mesma, reger as relações internacionais. As suas vantagens são evidentes quando os países se encontram mais ou menos nas mesmas condições de poder econômico: constitui estímulo ao progresso e recompensa do esforço. Por isso os países industrialmente desenvolvidos vêem nela uma lei de justiça. Já o mesmo não acontece quando as condições são demasiado diferentes de país para país: os preços "livremente" estabelecidos no mercado podem levar a conseqüências iníquas. Deve-

mos reconhecer que está em causa o princípio fundamental do liberalismo, como regra de transações comerciais.

Justiça dos contratos ao nível dos povos

59. Continua a valer o ensinamento de Leão XIII, na encíclica *Rerum Novarum:* em condições demasiado diferentes, o consentimento das partes não basta para garantir a justiça do contrato, e permanece subordinada às exigências do direito natural a regra do livre consentimento[57]. O que era verdade do justo salário individual, também o é dos contratos internacionais: uma economia de intercâmbio já não pode apoiar-se sobre a lei única da livre concorrência, que freqüentes vezes leva à ditadura econômica. A liberdade das transações só é eqüitativa quando sujeita às exigências da justiça social.

Medidas a tomar

60. Foi o que já compreenderam os próprios países desenvolvidos, que se esforçam por estabelecer no interior da sua economia, por meios apropriados, um equilíbrio que a concorrência, entregue a si mesma, tente a comprometer. Assim, muitas vezes sustentam a sua agricultura à custa de sacrifícios impostos aos setores econômicos mais favorecidos. E também, para manterem

[57] Cf. *Acta Leonis XIII*, t. XI (1892), p. 131.

as relações comerciais que se estabelecem entre países e países, particularmente em regime de mercado comum, adotam políticas financeiras, fiscais e sociais, que se esforçam por restituir às indústrias concorrentes, desigualmente prósperas, possibilidades semelhantes.

Convenções internacionais

61. Mas não se podem usar nisto dois pesos e duas medidas. O que vale para a economia nacional, o que se admite entre países desenvolvidos, vale também para as relações comerciais entre países ricos e países pobres. Sem o abolir, é preciso ao contrário manter o mercado de concorrência dentro dos limites que o tornam justo e moral e, portanto, humano. No comércio entre economias desenvolvidas e subdesenvolvidas, as situações são demasiado discordantes e as liberdades reais demasiado desproporcionadas. A justiça social exige do comércio internacional, para ser humano e moral, que restabeleça, entre as duas partes, pelo menos certa igualdade de possibilidades. É um objetivo a atingir a longo prazo. Mas, para o alcançar, é preciso, desde já, criar uma igualdade real nas discussões e negociações. Também neste campo se sente a utilidade de convenções internacionais num âmbito suficientemente vasto: estabeleceriam normas gerais, capazes de regular certos preços, garantir certas produções e sustentar certas indústrias nascentes. Quem duvida de que tal esforço comum, no sentido de maior justiça nas relações comerciais entre os povos, traria aos países em via de desenvolvimento um auxílio positivo, cujos efeitos seriam não só imediatos, mas também duradouros?

Obstáculos a vencer: nacionalismo

62. Existem ainda outros obstáculos à formação de um mundo mais justo e mais estruturado numa solidariedade universal: queremos falar do nacionalismo e do racismo. Comunidades recentemente elevadas à independência política, é natural que se mostrem ciosas de uma unidade nacional ainda frágil, e se esforcem por protegê-la. É também normal que nações de cultura antiga se sintam orgulhosas do patrimônio que lhes legou a história. Mas estes sentimentos legítimos devem ser sublimados pela caridade universal, que engloba todos os membros da família humana. O nacionalismo isola os povos, contrariando o seu verdadeiro bem. E seria particularmente nocivo onde a fraqueza das economias nacionais exige, pelo contrário, um pôr em comum esforços, conhecimentos e meios financeiros, para se realizarem os programas de desenvolvimento e aumentarem os intercâmbios comerciais e culturais.

Racismo

63. O racismo não é apanágio exclusivo das nações jovens, onde ele se dissimula por vezes sob aparências de rivalidades de clãs e de partidos políticos, com notável detrimento da justiça e perigo da paz civil. Durante a era colonial o racismo grassou, com freqüência, entre colonos e indígenas, impedindo o recíproco e fecundo entendimento e provocando ressentimentos, após injustiças reais. E continua ainda a ser obstáculo à cola-

boração entre nações desfavorecidas, e fermento de divisão e ódio, mesmo dentro dos próprios Estados quando, contrariamente aos direitos imprescritíveis da pessoa humana, indivíduos e famílias se vêem injustamente submetidas a um regime de exceção por motivo de raça ou de cor.

Para um mundo solidário

64. Aflige-nos profundamente tal situação, tão carregada de ameaças para o futuro. No entanto, não perdemos a esperança: sobre as incompreensões e os egoísmos, acabarão por prevalecer uma necessidade mais viva de colaboração e um sentido mais agudo de solidariedade. Esperamos que os países, cujo desenvolvimento é menos avançado, saibam aproveitar-se dos seus vizinhos para organizar uns com os outros, em áreas territoriais mais extensas, zonas de desenvolvimento combinado, estabelecendo programas comuns, coordenando os investimentos, repartindo as possibilidades de produção e organizando os intercâmbios. Esperamos também que as organizações multilaterais e internacionais encontrem, por meio da necessária reorganização, os caminhos que permitam aos povos ainda em via de desenvolvimento, sair das situações difíceis, em que parecem estar embaraçados, e descobrir, na fidelidade ao seu caráter próprio, os meios do progresso social e humano.

Povos artífices do seu destino

65. A isto temos de chegar: a que a solidariedade mundial, cada vez mais eficiente, permita a todos os povos tornarem-se artífices do seu destino. Demasiadas vezes esteve a característica do passado em relações de força entre as nações: virá um dia em que as relações internacionais hão de possuir o cunho do seu respeito mútuo e da amizade, da interdependência na colaboração e da promoção comum sob a responsabilidade de cada indivíduo. Os povos mais novos ou mais fracos reclamam a sua parte ativa na construção de um mundo melhor, mais respeitador dos direitos e da vocação de cada um. É reclamação legítima: a todos compete ouvi-la e satisfazê-la.

3. A caridade universal

66. O mundo está doente. O seu mal reside mais na crise de fraternidade entre os homens e entre os povos, do que na esterilização ou no monopólio, que alguns fazem, dos recursos do universo.

Dever do acolhimento

67. Não é demasiado insistir sobre o dever do acolhimento — dever de solidariedade humana e de caridade cristã — que incumbe, tanto às famílias como às or-

ganizações culturais dos países que recebem. É necessário, sobretudo para os jovens, multiplicar os lares e as casas de acolhimento. Isto, em primeiro lugar, para os defender da solidão, do sentimento de abandono, e da miséria, que inutilizam toda a energia moral; também para os defender da situação malsã em que se encontram forçados a comparar a extrema pobreza da sua pátria com o luxo e desperdício que muitas vezes os rodeiam; mais ainda, para os pôr ao abrigo de doutrinas subversivas e de tentações agressivas, que os assaltam à simples lembrança de tanta "miséria imerecida"[58]; e enfim, sobretudo em vista de, por meio do calor de um acolhimento fraterno, lhes comunicar o exemplo de uma vida sã, a estima da caridade cristã autêntica e eficaz, e o apreço dos bens espirituais.

Drama dos jovens estudantes

68. Confrange pensar que muitos jovens, — vindos a países avançados receber a ciência, a competência e a cultura, que os hão de tornar mais aptos para servir a pátria — adquirem certamente uma formação de alta qualidade mas, com freqüência, perdem ao mesmo tempo a estima dos valores espirituais que, muitas vezes, eram tidos como patrimônio precioso nas civilizações que os viram crescer.

[58] Cf. Ibid., p. 98.

Trabalhadores emigrados

69. Deve-se o mesmo acolhimento aos trabalhadores emigrados que, economizando para aliviar um pouco a família que na sua terra natal ficou na miséria, vivem em condições por vezes desumanas.

Sentido social

70. A nossa segunda recomendação dirige-se àqueles que são trazidos pelos seus negócios a países recentemente abertos à industrialização: industriais, comerciantes, chefes ou representantes de empresas maiores. Se no seu próprio país não se mostram faltos de sentido social, por que hão de regressar aos princípios desumanos do individualismo quando trabalham em países menos desenvolvidos? A posição elevada que têm deve, pelo contrário, estimulá-los a serem iniciadores do progresso social e da promoção humana, precisamente onde se encontram por causa dos seus negócios. Até mesmo o sentido que possuem, de organização, lhes devia sugerir os meios de valorizar o trabalho indígena, de formar operários qualificados, de preparar engenheiros e quadros, de dar lugar à iniciativa destes, de os introduzir progressivamente nos cargos mais elevados, preparando-os assim a participar, num futuro próximo, nas responsabilidades da direção. Que pelo menos as relações entre chefes e súditos sejam sempre baseadas na justiça e regidas por contratos regulares de obrigações recíprocas. Que ninguém, seja qual for a sua situação, se mantenha injustamente entregue às arbitrariedades.

Missões de desenvolvimento

71. Alegramo-nos ao ver aumentar cada vez mais o número de técnicos enviados, em missão de desenvolvimento, quer por instituições internacionais ou bilaterais, quer por organismos privados: "não procedam como dominadores, mas como auxiliares e cooperadores"[59]. Um povo depressa compreende se, os que vêm em seu auxílio, o fazem com ou sem amizade, para aplicar técnicas ou para dar ao homem todo o valor que lhe compete. A mensagem que trazem corre o risco de não ser aceita, se não é revestida de amor fraterno.

Qualidades dos peritos

72. À competência técnica necessária é preciso juntar sinais autênticos de amor desinteressado. Livres de qualquer superioridade nacionalista e de qualquer aparência de racismo, os peritos devem aprender a trabalhar em íntima colaboração com todos. A competência não lhes confere superioridade em todos os domínios. A civilização que os formou contém, certamente, elementos de humanismo universal, mas não é única nem exclusiva e não pode ser importada sem adaptação. Os agentes destas missões tomem a peito descobrir não só a história, mas também os componentes e as riquezas culturais do país que os acolhe. Estabelecer-se-á, deste modo, uma aproximação que fecundará uma e outra civilização.

[59] *Gaudium et Spes*, n. 85, § 2.

Diálogo das civilizações

73. Entre as civilizações, como entre as pessoas, o diálogo sincero torna-se criador de fraternidade. Buscar o desenvolvimento há de aproximar os povos nas realizações, fruto dum esforço comum, se todos, desde os governos e seus representantes até ao mais humilde dos técnicos, estiverem animados de amor fraterno e movidos pelo desejo sincero de construir uma civilização de solidariedade mundial. Então, abrir-se-á um diálogo centrado no homem e não nas mercadorias ou nas técnicas. E será fecundo, na medida em que trouxer aos povos, que dele beneficiam, os meios para se educarem e espiritualizarem; na medida em que os técnicos se fizerem educadores; e na medida em que o ensino dado tiver características espirituais e morais tão elevadas, que possa garantir um desenvolvimento, não só econômico mas também humano. Terminada a assistência, permanecerão as relações assim estabelecidas. Quem pode deixar de reconhecer quanto estas hão de contribuir para a paz do mundo?

Apelo aos jovens

74. Muitos jovens já responderam com ardor e prontidão ao apelo de Pio XII, a favor do laicado missionário[60]. Numerosos são também os que espontaneamente se puseram à disposição de organismos, ofi-

---

[60] Cf. Encíclica *Fidei Donum*, 21 de abril 1957, AAS 49 (1957), p. 246.

ciais ou privados, de colaboração com os povos em fase de desenvolvimento. Alegramo-nos por saber que, em algumas nações, o "serviço militar" pode tornar-se, em parte, "serviço social", unicamente "serviço". Abençoamos estas iniciativas e a boa vontade daqueles que a elas respondem. Oxalá todos os que seguem a Cristo, ouçam o seu apelo: "Tive fome e destes-me de comer, tive sede e destes-me de beber, era peregrino e recolheste-me, estava nu e vestiste-me, enfermo e visitaste-me, prisioneiro e viestes ver-me"[61]. Ninguém pode ficar indiferente à sorte dos seus irmãos ainda mergulhados na miséria, atormentados pela ignorância e vítima da insegurança. Como o coração de Cristo, também o coração do cristão deve compadecer-se desta miséria: "tenho compaixão deste povo"[62].

Oração e ação

75. Ao Onipotente há de elevar-se fervorosa a oração de todos, para que a humanidade, depois de tomar consciência de tão grandes males, se aplique com inteligência e firmeza a exterminá-los. A esta oração deve corresponder, em cada um, o compromisso decidido de se empenhar, segundo as suas possibilidades e forças, na luta contra o subdesenvolvimento. Dêem-se as mãos fraternalmente, as pessoas, os grupos sociais e as nações, o forte ajudando o fraco a crescer, oferecendo-lhe toda a

[61] Mt 25,35-36.
[62] Mc 8,2.

sua competência, entusiasmo e amor desinteressado. Mais do que qualquer outro, aquele que está animado de verdadeira caridade é engenhoso em descobrir as causas da miséria, encontrar os meios de a combater e vencê-la resolutamente. Artífice da paz, "prosseguirá o seu caminho, ateando a alegria, e derramando a luz e a graça no coração dos homens, por toda a terra, fazendo-lhes descobrir, para lá de todas as fronteiras, rostos de irmãos, rostos de amigos"[63].

Desenvolvimento é o novo nome da paz

Conclusão

76. As excessivas disparidades econômicas, sociais e culturais provocam, entre os povos, tensões e discórdias, e põem em perigo a paz. Como dizíamos aos Padres conciliares, no regresso da nossa viagem de paz à ONU, "a condição das populações em fase de desenvolvimento deve ser objeto da nossa consideração, ou melhor, a nossa caridade para com todos os pobres do mundo — e eles são legiões infinitas — deve tornar-se mais atenta, mais ativa e mais generosa"[64]. Combater a miséria e lutar contra a injustiça, é promover não só o bem-estar mas também o progresso humano e espiritual

---

[63] Alocução de João XXIII, por ocasião do prêmio Balzan em 10 de maio de 1963, AAS 55 (1963), p. 455.

[64] AAS 57 (1965), p. 896.

de todos e, portanto, o bem comum da humanidade. A paz não se reduz a uma ausência de guerra, fruto do equilíbrio sempre precário das forças. Constrói-se, dia a dia, na busca de uma ordem querida por Deus, que traz consigo uma justiça mais perfeita entre os homens[65].

Sair do isolamento

77. São os povos os autores e primeiros responsáveis do próprio desenvolvimento. Mas não o poderão realizar isolados. Fases deste caminho do desenvolvimento que leva à paz, são os acordos regionais entre os povos fracos a fim de se apoiarem mutuamente, as relações mais amplas para se entre-ajudarem e as convenções mais audazes, entre uns e outros, para estabelecerem programas comuns.

A caminho duma autoridade mundial eficaz

78. Esta colaboração internacional, estendida a todos, requer instituições que a preparem, coordenem e rejam, até se construir uma ordem jurídica universalmente reconhecida. De todo o coração, encorajamos nós as organizações que tomaram a peito esta colaboração no desenvolvimento e desejamos que a sua autoridade progrida. "A vossa vocação, dizíamos nós aos representantes das Nações-Unidas, em Nova Iorque, é a de levardes

[65] Cf. Encíclica *Pacem in terris*, 11 de abril 1963, AAS 55 (1963), p. 301.

a fraternizar, não alguns só, mas todos os povos (...). Quem não vê a necessidade de se chegar assim, progressivamente, ao estabelecimento duma autoridade mundial, em condições de agir eficazmente no plano jurídico e político?"[66].

Esperança fundada num mundo melhor

79. Alguns julgarão utópicas tais esperanças. Pode ser que, no seu realismo, se enganem e não se tenham apercebido do dinamismo de um mundo que quer viver mais fraternalmente e que — apesar das suas ignorâncias e dos seus erros, e até dos seus pecados, das suas recaídas na barbárie e das longas divagações fora do caminho da salvação — se vai aproximando lentamente, mesmo sem dar por isso, do seu Criador. Pede esforço e sacrifício este caminho para mais humanidade: mas o próprio sofrimento, aceito por amor dos nossos irmãos, é portador de progresso para toda a família humana. Os cristãos sabem que a união ao sacrifício do Salvador contribui para a edificação do Corpo de Cristo na sua plenitude: o povo de Deus reunido[67].

---

[66] AAS 57 (1965), p. 880.
[67] Cf. Ef 4,12; *Lumen Gentium*, n. 13.

Todos solidários

80. Neste caminhar, todos somos solidários. A todos, quisemos nós lembrar a amplitude do drama e da urgência da obra que se pretende realizar. Soou a hora da ação: estão em jogo a sobrevivência de tantas crianças inocentes, o acesso a uma condição humana de tantas famílias infelizes, a paz do mundo e o futuro da civilização. Que todos os homens e todos os povos assumam as suas responsabilidades.

APELO FINAL

Católicos

81. Exortamos primeiramente todos os nossos filhos. Nos países em via de desenvolvimento, assim como em todos os outros, os leigos devem assumir como tarefa própria a renovação da ordem temporal. Se o papel da hierarquia consiste em ensinar e interpretar autenticamente os princípios morais que se hão de seguir neste domínio, pertence aos leigos, pelas suas livres iniciativas e sem esperar passivamente ordens e diretrizes, imbuir de espírito cristão a mentalidade e os costumes, as leis e as estruturas da sua comunidade de vida[68]. São necessárias modificações e são indispensáveis reformas profundas: devem eles esforçar-se decididamente por insuflar nestas o espírito evangélico. Aos nossos filhos católicos que pertencem aos países mais favorecidos, pedimos o contributo da sua competência e da sua participação ativa nas organizações oficiais ou privadas, civis, ou religiosas, empenhadas em vencer as dificuldades das nações em fase de desenvolvimento. Hão de ter, sem dúvida, muito a peito o ser contados entre os primeiros de quantos trabalham por estabelecer, na realidade dos fatos, uma moral internacional de justiça e de eqüidade.

---

[68] Cf. *Apostolicam Actuositatem*, n. 7, 13 e 24.

Cristãos e crentes

82. Não duvidamos de que todos os cristãos, irmãos nossos, hão de querer aumentar o seu esforço comum e organizado, com o fim de ajudarem o mundo a triunfar do egoísmo, do orgulho e das rivalidades, a ultrapassar as ambições e injustiças, a permitir a todos o acesso a uma vida mais humana, onde cada um seja amado e ajudado como próximo, como irmão. E, comovido ainda pelo nosso inesquecível encontro, em Bombaim, com os nossos irmãos não-cristãos, de novo os convidamos a trabalharem, de todo o coração e com toda a sua inteligência, para que todos os filhos dos homens possam levar uma vida digna de filhos de Deus.

Homens de boa vontade

83. Finalmente, voltamo-nos para todos os homens de boa vontade, conscientes de que o caminho da paz passa pelo desenvolvimento. Delegados às instituições internacionais, homens de Estados, publicistas, educadores, todos, cada um no seu campo, sois os construtores de um mundo novo. Suplicamos a Deus todo-poderoso esclareça a vossa inteligência e fortifique a vossa coragem para despertardes a opinião pública e conduzirdes os povos. Educadores, compete a vós estimular, desde a infância, o amor para com os povos que vivem na miséria. Publicistas, a vós pertence pôr diante dos nossos olhos os esforços realizados, no sentido da ajuda mútua entre

os povos, assim como o espetáculo das misérias que os homens tendem a esquecer para tranqüilizar a consciência: que ao menos os ricos saibam que os pobres estão à sua porta e esperam os sobejos dos festins.

Homens de Estado

84. Homens de Estado, incumbe-vos mobilizar as vossas comunidades para uma solidariedade mundial mais eficaz e, sobretudo, levá-las a aceitar os impostos necessários sobre o luxo e o suférfluo, a fim de promoverem o desenvolvimento e salvarem a paz. Delegados às organizações internacionais, de vós depende que perigosas e estéreis oposições de forças dêem lugar à colaboração amiga, pacífica e desinteressada, a favor de um desenvolvimento solidário da humanidade, onde todos os homens possam realizar-se.

Sábios

85. Se é verdade que o mundo sofre por falta de convicções, nós convocamos os pensadores e os sábios — católicos, cristãos, os que honram a Deus, os que estão sedentos de absoluto, de justiça e de verdade: todos os homens de boa vontade. Seguindo o exemplo de Cristo, ousamos perdir-vos instantemente: "buscai e encontrareis"[69], abri os caminhos que levam pelo auxílio

---

[69] Lc 11,9.

mútuo a um aprofundamento do saber, a ter um coração grande, a uma vida mais fraterna numa comunidade humana verdadeiramente universal.

Mãos à obra, todos à uma

86. Vós todos que ouvistes o apelo dos povos na aflição, vós que vos empenhais em responder-lhes, vós sois os apóstolos do bom e verdadeiro desenvolvimento, que não consiste na riqueza egoísta e amada por si mesma, mas na economia ao serviço do homem, no pão cotidiano distribuído a todos como fonte de fraternidade e sinal da Providência.

Bênção

87. De todo o coração, nós vos abençoamos e chamamos todos os homens de boa vontade a unirem-se a vós fraternalmente. Porque, se o desenvolvimento é o novo nome da paz, quem não deseja trabalhar para ele com todas as forças? Sim, a todos convidamos nós a responder ao nosso grito de angústia, em nome do Senhor.

Vaticano, festa da Páscoa,
26 de março de 1967.

Paulo VI, papa

ÍNDICE ANALÍTICO

Os números indicam os parágrafos

Ação social, 39, 75, 80.
Acolhimento (Dever de), 67.
Acordos multilaterais, 52.
Acordos regionais, 64, 77.
Agricultura, 24, 29, 57, 60.
Alfabetização, 35.
Amizade, 19, 20, 43, 52, 65.
Amor fraterno, 20, 23, 72, 83.
Armamentos, 53.
Aspirações dos homens, 1, 6, 13.
Assistência aos fracos, 45-55.
Autoridade mundial, 78.
Avareza, 18, 19, 49.
Bem comum, 21, 24, 31, 38.
Bens, 9, 18, 22, 23, 26, 40, 41.
Camponeses, 9.
Capitalismo liberal, 26.
Caridade, 22, 28, 44, 62, 66, 75, 76.
Caritas internationalis, 46.
Civilização, 4, 9, 10, 14, 17, 40, 41, 44, 49, 68, 72, 73, 80.
Coletivização, 33.
Colonialismo (e Neo), 7, 52.
Colonização, 7,52, 63.
Comércio, 22, 44, 56-61.
Concílio, 1, 3, 4, 5, 22, 24, 40, 48, 76.
Concorrência, 26, 33, 59-60.
Condição humana, 20-21.

Consciência (Exigência da), 37, 47.
Contratos (Justiça dos) 59, 70.
Convenções internacionais, 61.
Cooperação mundial, 43, 48, 51-55, 64, 65, 76-79.
Crescimento, 6, 14-19, 34, 47, 50.
Crescimento humano, 1, 6, 16, 34, 84.
Criação, 22, 27.
Cristo, 1, 12, 13, 16, 21, 40, 74, 79, 85.
Cultura, 21, 29, 30, 40, 62, 72.
Demografia, 37.
Desequilíbrio do mundo, 8, 57.
Desproporções revoltantes, 9, 76.
Deus, 16, 21, 27, 37, 41, 42, 49, 79, 83.
Deus (Espírito de), 32.
Diálogo, 51, 54, 73.
Dignidade humana, 21, 30, 32, 37, 39, 54.
Dinheiro, 26, 28.
Direito natural, 59.
Economia, 8, 25, 26, 57, 59-61, 86.
Egoísmo, 21, 28, 49, 64, 82, 86.
Emigrados, 69.
Empréstimos, 54.

Eqüidade do comércio, 56-65.
Esbanjamento, 53, 67, 84.
Esforço, 15, 16, 22, 47, 55, 56, 82.
Esperança num mundo melhor, 79.
Estado (Homens de), 84.
Estudantes (Drama dos), 68.
Evangelho, 1, 12, 32, 81.
Exportações, 57.
Expropriações, 24.
Família, 10, 36, 67.
FAO, 46.
Fome, 1, 3, 35, 45-47, 53, 74.
Fraternidade, 27, 44, 66, 78, 79, 85, 86, 87.
Fundo mundial, 51-53.
Gerações (Conflito das), 10, 36.
História, 1, 13, 17, 62, 73.
Humanismo, 16, 20, 42, 72.
Ideal a realizar, 21, 41.
Ideologias totalitárias, 11.
Igreja e desenvolvimento, 1-5, 12-21.
Impostos, 47.
Independência nacional, 6, 62.
Industrialização, 25-26, 29.
Instituições, 10, 12, 71.
Investimentos, 47.
Isolamento (Sair do), 77.
Jovens, 47, 67-68, 74.
Justiça, 4, 22, 44, 59, 61, 70, 76, 85.
Justiça e paz, 5.
Laicado, 74, 81.
Lei moral, 37.

Liberalismo, 26, 34, 36, 58-61.
Liberdade, 6, 15, 33, 37, 39, 47.
Lucro, 26.
Materialismo, 18, 39, 41.
Matrimônio, 37.
Mercado, 60, 61.
Militares (Despesas), 51, 53.
Mínimo vital, 21.
Miséria, 1, 6, 29, 47, 51, 53, 74, 76, 83.
Missionários, 12, 74.
Missões de desenvolvimento, 71.
Moral internacional, 58-65, 81.
Nacionalismo, 62, 72.
Oligarquia, 9.
ONU, 4, 76, 78.
Oração, 20, 75.
Organismos de colaboração, 74.
Organismos intermediários, 33.
Organizações internacionais, 35, 64, 81, 84.
Organizações profissionais, 38-39.
Padres da Igreja (Ensino social dos), 23.
Papas (Ensino social dos), 2.
Participação, 1, 6, 30, 54.
Paz, 21, 55, 63, 73, 75, 76-80, 87.
Pessoa (Direitos da), 31, 33, 34, 36, 63.
Planificação, 33.
Pobres, 4, 5, 8, 9, 12, 23, 33, 40, 41, 47, 49, 55, 76, 83.
Pobreza (Espírito de), 21.
Poder, 9, 21, 32.

Poderes públicos, 23, 33, 35, 37, 47.
Política dos Estados, 13, 54.
Posse (Abusos da), 21.
Preços justos, 57-61.
Programas, 33-34, 50, 64, 77.
Progresso, 5, 10, 12, 22, 25, 26, 34-35, 44, 50.
Propriedade, 22, 23, 26.
Questão social mundial, 3, 9.
Racismo, 47, 63, 72.
Recursos (Por em comum os), 43.
Reforma, 32, 81.
Relações internacionais, 61, 65.
Rendimentos (Uso dos), 24.
Responsabilidade, 9, 25, 70, 80.
Revolta, 28.
Revolução, 31.
Ricos, 23, 33, 41, 44, 47, 48, 49, 83, 86.
Sábios, 20, 36, 40, 85.

Salário justo, 59.
Sentido comunitário, 17.
Sentido social, 70.
Serviço militar, 74.
Sinais dos tempos, 13.
Solidariedade universal, 1, 17, 44, 48, 62, 64-65, 67, 73, 80, 84.
Supérfluo, 49.
Técnica, 10, 34.
Técnicos, 20, 41-48, 71-73.
Trabalho, 9, 17, 18, 21, 22, 25-28, 48, 69.
Tradição, 10.
UNESCO, 35.
Urgência da obra a realizar, 29, 32, 53, 80.
Valores espirituais, 18, 20, 21, 28, 41, 42, 49, 67-68.
Verdade, 13, 16.
Violência (Tentação da), 11, 30.
Vocação, 15, 42, 65.

ÍNDICE GERAL

INTRODUÇÃO 5

A questão social abrange agora o mundo inteiro (nn. 1-5) 5

PRIMEIRA PARTE

Para um desenvolvimento integral do homem 9
1. Dados do problema (nn. 6-11) 11
2. A Igreja e o desenvolvimento (nn. 12-21) 14
3. Ação a empreender (nn. 22-41) 21
Conclusão: Para um humanismo total (n. 42) 35

SEGUNDA PARTE

Para um desenvolvimento solidário da humanidade 37
Introdução (nn. 43-44) 39
1. Assistência aos fracos (nn. 45-55) 40
2. Eqüidade nas relações comerciais (nn. 56-65) 47
3. A caridade universal (nn. 66-75) 53
Conclusão: Desenvolvimento é o novo nome da paz (nn. 76-80) 59

APELO FINAL (nn. 81-87) 63

Índice analítico 67

Rua Dona Inácia Uchoa, 62
04110-020 – São Paulo – SP (Brasil)
Tel.: (11) 2125-3500
http://www.paulinas.com.br – editora@paulinas.com.br
Telemarketing e SAC: 0800-7010081